AMÉRICA EMBRUJADA

EL CEMENTERIO DE BACHELOR'S GROVE

Y OTROS LUGARES EMBRUJADOS DEL MEDIO OESTE

de Matt Chandler

CAPSTONE PRESS
a capstone imprint

Edge Books son publicaciones de Capstone Press,
1710 Roe Crest Drive, North Mankato, Minnesota 56003
www.capstonepub.com

Los datos de CIP (Catalogación previa a la publicación, CIP)
de la Biblioteca del Congreso se encuentran disponibles en el sitio web de la
Biblioteca.
ISBN 978-1-4966-8510-0 (library binding)
ISBN 978-1-4966-8514-8 (eBook PDF)

Créditos editoriales
Anthony Wacholtz, editor; Heidi Thompson, diseñadora; Marcie Spence,
investigadora de medios; Danielle Ceminsky, especialista en producción

Créditos fotográficos
Benjamin Jeffries: 17, 18-19; Capstone: 5 (bottom); Cleveland Public Library
Photograph Collection, 5 (top); Corbis: Bettmann, 11; Getty Images: American Stock,
10, Richard Drew, 8; Grand Opera House, 14, 15; Newscom: University of Wisconsin-
Superior KRT, 26, 26-27; Shutterstock: John Brueske, 24-25, Triff, cover, 1; Tyler
Bennett, 21; Wikipedia: Magnus Manske, 9, Matt Hucke, 7, 13, Mikefall2, 23

Citas directas
Página 6: Brad Steiger. "Real Ghosts, Restless Spirits and Haunted Places." Detroit,
Visible Ink Press, 2003, 355.
Página 13: "Lemp Stories." http://www.lempstories.com/text-stories.htm

Printed in the United States of America.
3342

TABLA DE CONTENIDOS

Desde hoteles hasta restaurantes, el medio oeste de los Estados Unidos está lleno de lugares embrujados. Son muchas las personas que han reportado encuentros espeluznantes con muertos. ¿Hay explicaciones lógicas para estas apariciones? ¿O es el corazón de los Estados Unidos el hogar de algunos de los fantasmas más aterradores del mundo? ¡Atrévete a seguir leyendo y a decidir por ti mismo!

CASTILLO FRANKLIN

La vista del Castillo Franklin es escalofriante. El castillo de piedra de 28 habitaciones tiene un aspecto **gótico**. Dice la leyenda que en los últimos 100 años han tenido lugar numerosos asesinatos y muertes.

Algunas personas creen que el castillo está embrujado por los que murieron allí. Una joven fue asesinada en un pasadizo secreto. Otra chica fue asesinada en su cama. En una ocasión, los dueños de la casa encontraron una colección de esqueletos de bebés, escondidos en una habitación secreta. Visitantes y antiguos dueños han reportado haber escuchado a bebés llorando cuando no había ninguno en el edificio.

El primer propietario del castillo era un hombre llamado Hannes Tiedemann. Supuestamente, Tiedemann asesinó a una mujer en el castillo. Mucha gente dice haber visto a "la mujer de negro". Esta es una **aparición** que se puede ver en la torre del castillo mirando por la ventana.

CIUDAD: Cleveland, Ohio

PRIMER INFORME DE ACTIVIDAD PARANORMAL: década de 1930

TIPOS DE ACTIVIDAD: un bebé llorando, el fantasma de una mujer vestida de negro, puertas que se salen de las bisagras

RANGO DE MIEDO: 3

ACCESO: El castillo es propiedad privada; no hay visitas disponibles.

4

Hannes Tiedemann (izquierda) con su
esposa, Louise, y su hijo, August

gótico/a—estilo de arte o arquitectura usado en Europa
occidental entre los años 1100 y 1500

aparición—fantasma, espectro, visión de un ser sobrenatural

5

CEMENTERIO DE BACHELOR'S GROVE

Hay pocos lugares más espeluznantes que un cementerio después de que cae la noche. El Cementerio de Bachelor's Grove en el municipio de Bremen, en Illinois, no es una excepción. Es considerado uno de los cementerios más embrujados de los Estados Unidos. En el año 1989 fue enterrado el último cuerpo en Bachelor's Grove, pero el cementerio recibe muchas visitas. Allí se han reportado más de 100 eventos **paranormales** desde 1864.

Son muchas las historias que se cuentan acerca del Cementerio Bachelor's, incluyendo numerosas apariciones que han sido vistas vagando por el lugar. Varias personas afirman haber visto el fantasma de una mujer llevando un bebé en sus brazos. La mujer deambula sin rumbo por el lugar. Cuando la gente se le acerca, desaparece.

CIUDAD: Bremen, Illinois

PRIMER INFORME DE ACTIVIDAD PARANORMAL: década de 1860

TIPOS DE ACTIVIDAD: apariciones de fantasmas, inexplicables bolas de luz resplandecientes

RANGO DE MIEDO: 4

ACCESO: El cementerio está abierto al público.

"Miré hacia arriba y vi al marido de la mujer fallecida, estaba parado... Luego miré abajo y observé la tumba abierta; más tarde miré hacia arriba de nuevo y se habían ido".

—un sepulturero del Cementerio de Bachelor's Grove

paranormal—relacionado con un evento inexplicable

El fantasma más famoso de Bachelor's Grove fue visto por primera vez en los años 70 por dos guardaparques. Era el fantasma de un caballo saliendo de un estanque afuera del cementerio. El caballo tiraba de un arado y el fantasma de un anciano lo dirigía. La leyenda dice que, en el siglo XIX, un granjero se ahogó en el estanque, arrastrado por su caballo. También se dice que en el estanque están los cuerpos de las personas asesinadas durante la **Ley seca.**

Otro cuento de fantasmas del cementerio es sobre una criatura espeluznante. Hay una historia de un monstruo de dos cabezas que ha sido visto corriendo por el cementerio. Hasta se han reportado eventos paranormales fuera del cementerio, como coches fantasma en una carretera cercana que desaparecen repentinamente. Algunas personas piensan que las apariciones en el Cementerio de Bachelor's Grove se hicieron más frecuentes tras el aumento del **vandalismo** en la década de 1960. Los vándalos destrozaron lápidas y las cubrieron con pintura en aerosol. Algunos vándalos hasta irrumpieron en las tumbas y robaron los cuerpos. Los huesos de los muertos fueron encontrados esparcidos por todo el cementerio.

el estanque del Cementerio
de Bachelor's Grove

Ley seca—período entre 1920 y 1933 en que era ilegal
elaborar o vender alcohol en los Estados Unidos
vandalismo—destrozar una propiedad

TEATRO BIOGRAPH

John Dillinger fue un ladrón de bancos a principios de la década de 1930. Asesinó al menos a 10 personas durante su ola de crímenes. La Oficina Federal de Investigaciones (FBI) buscó a Dillinger en 1934. Finalmente, los agentes del FBI lo localizaron en Chicago, Illinois, el 22 de julio de 1934. Se acercaron a él cuando salía del Teatro Biograph. Cuando trataron de enfrentarlo, Dillinger corrió hacia un callejón. Los agentes le dispararon y lo mataron.

Durante los 80 años que siguieron al asesinato de Dillinger, se han reportado sucesos paranormales. El fantasma de un hombre que concuerda con la descripción del gángster fue visto fuera del teatro. Algunos testigos lo han visto en el callejón, huyendo del Biograph. Y han visto una figura derrumbarse, igual que Dillinger la noche que fue acribillado por el FBI. Otros visitantes reportaron puntos fríos y cambios de temperatura extraños en el interior del teatro. Muchos han dicho que sienten un miedo inexplicable cuando caminan frente al callejón.

CIUDAD: Chicago, Illinois

PRIMER INFORME DE ACTIVIDAD PARANORMAL: década de 1940

TIPOS DE ACTIVIDAD: el fantasma del gángster John Dillinger

RANGO DE MIEDO: 2

ACCESO: El teatro está abierto al público.

John Dillinger

Personas amontonadas alrededor del Teatro Biograph después de que John Dillinger fuera derribado en el año 1934.

MANSIÓN LEMP

La familia Lemp ganó una fortuna elaborando cerveza,
pero la familia sufrió varias tragedias. El **patriarca** de la familia,
William Lemp, se suicidó en uno de los dormitorios de la mansión
en 1904. Dieciocho años después, su hijo William Junior hizo
lo mismo en su oficina. Su hermana Elsa y su hermano Charles
siguieron el mismo destino.

La mansión fue vendida, y fue convertida en casa de huéspedes
y, luego, en un restaurante. Durante la construcción, los trabajadores
reportaron eventos paranormales aterradores, como puertas que se
cerraban sin explicación. Los trabajadores a menudo perdían sus
herramientas. También afirmaban sentirse observados. Algunos se
negaron a terminar el trabajo. Estaban demasiado asustados como
para volver a la Mansión Lemp.

Finalmente, el trabajo terminó, pero los extraños acontecimientos
continuaron. Han habido informes de vasos volando por el aire
y un piano sonando sin que nadie lo tocara. Ha habido comensales
que han presenciado apariciones y han oído ruidos extraños e
inexplicables.

CIUDAD: San Luis, Misuri

PRIMER INFORME DE ACTIVIDAD PARANORMAL:
década de 1940

TIPOS DE ACTIVIDAD: apariciones de fantasmas, ruidos
inexplicables

RANGO DE MIEDO: 4

ACCESO: La mansión es un restaurante; también ofrecen
visitas a los lugares embrujados.

"A eso de las tres de la madrugada, estaba durmiendo y los resortes de la cama comenzaron a vibrar como si alguien estuviera debajo, jalando y soltando. Salté de la cama y corrí al pasillo. Volví cuando amaneció y decidí dormir en el sofá".

—huésped que se alojó en la Mansión Lemp en 1994

patriarca—líder (hombre) de una familia

GRAN TEATRO DE LA ÓPERA

Puede que pienses que los fantasmas son aterradores, y con tan solo imaginar encontrarte con uno sientas escalofríos en la columna vertebral. Pero los actores y trabajadores del Gran Teatro de la Ópera dicen que sus espíritus son amistosos.

En este teatro de Iowa han tenido lugar numerosas apariciones por más de 80 años. A muchos actores les gusta practicar cuando el teatro está vacío, lo que parece el escenario perfecto para encontrarse con los fantasmas.

Muchos de los eventos paranormales en el Gran Teatro son similares a los de otros lugares embrujados. Las puertas se abren y se cierran sin explicación, y las luces se encienden y se apagan por sí solas. Los tablones crujen cuando nadie camina sobre ellos. Pero son las voces y los fantasmas los que hacen famosas las apariciones del teatro.

el auditorio del Gran Teatro de la Ópera

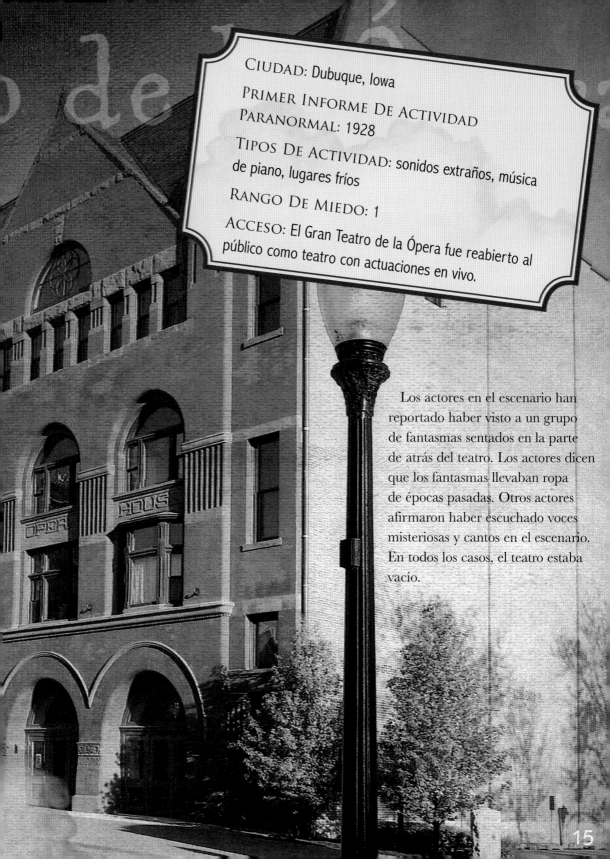

CIUDAD: Dubuque, Iowa

PRIMER INFORME DE ACTIVIDAD PARANORMAL: 1928

TIPOS DE ACTIVIDAD: sonidos extraños, música de piano, lugares fríos

RANGO DE MIEDO: 1

ACCESO: El Gran Teatro de la Ópera fue reabierto al público como teatro con actuaciones en vivo.

Los actores en el escenario han reportado haber visto a un grupo de fantasmas sentados en la parte de atrás del teatro. Los actores dicen que los fantasmas llevaban ropa de épocas pasadas. Otros actores afirmaron haber escuchado voces misteriosas y cantos en el escenario. En todos los casos, el teatro estaba vacío.

CASA HANNAH

Gran parte de lo que hace que una casa embrujada sea aterradora es el propio edificio. Antiguas mansiones góticas con muchos dormitorios, sótanos y áticos son el espacio perfecto para alojar huéspedes paranormales. Uno de estos edificios, la Casa Hannah, se encuentra en el corazón de Indianápolis.

La casa fue construida en 1858, pero los primeros fantasmas fueron reportados unos 100 años después. La gente cree que dos de los espíritus son los dueños originales, el acaudalado político Alexander Moore Hannah y su esposa, Elizabeth.

Los visitantes que pasan por el dormitorio del segundo piso experimentan cosas extrañas. Algunos de ellos informan haber visto la puerta del dormitorio abrirse sola. Otros dicen haber sentido olor a carne podrida saliendo del dormitorio. Elizabeth Hannah dio a luz a su hijo en ese dormitorio, pero el bebé nació muerto. Algunas personas dicen que el dormitorio está embrujado por la muerte.

el dormitorio del segundo piso

En el sótano de la Casa Hannah se concentra gran parte de la actividad paranormal de la casa. Se dice que Alexander Hannah estuvo vinculado con el Tren Subterráneo. Según la leyenda, la tragedia se produjo una noche cuando un grupo de esclavos en busca de libertad se detuvo en su casa. Mientras los esclavos dormían en el sótano, una lámpara se volcó accidentalmente, lo que desató un enorme incendio. Los esclavos murieron y Hannah enterró los cuerpos debajo del piso de tierra del sótano, para que nadie se enterara de que habían estado protegiendo esclavos. Visitantes y trabajadores han reportado ruidos de vidrios rotos y otros ruidos extraños provenientes del sótano.

Un fantasma que supuestamente habita en la Casa Hannah es llamado el "abuelito". Algunos visitantes reportaron que el elegante hombre desapareció repentinamente ante sus ojos. Otros, incluyendo la nieta de una pareja que vivía en la casa, afirman haber hablado con el fantasma. Los que se encuentran con él lo describen como un fantasma amistoso.

CEMENTERIO DE LA FAMILIA STEPP

Al igual que el Bachelor's Grove, el Cementerio Stepp es un cementerio pequeño y apartado. Nadie ha sido enterrado allí en años. Pero se dice que hay una tumba de una niña que está embrujada.

La leyenda dice que el fantasma de una anciana se sienta en un tocón junto a esa tumba cada noche. El tocón tiene forma de silla y el fantasma vigila la tumba.

Hay varias historias detrás del fantasma del Cementerio Stepp. La historia más común es la del fantasma de una mamá que cuida de su hija enterrada en esa tumba. La hija fue atropellada por un coche y murió, y la madre hizo cortar el árbol para crear un asiento permanente. Algunas versiones de la historia dicen que la mujer puso una **maldición** en el tocón. Cualquiera que se siente en el tocón morirá exactamente un año después.

CIUDAD: Martinsville, Indiana

PRIMER INFORME DE ACTIVIDAD PARANORMAL: década de 1950

TIPOS DE ACTIVIDAD: el fantasma de una mujer cerca de la tumba de una niña pequeña

RANGO DE MIEDO: 2

ACCESO: El cementerio y los bosques de los alrededores están abiertos al público.

STEPP CEMETERY
ESTABLISHED
EARLY 1800

maldición —hechizo maligno con intenciones de dañar a alguien

21

FINCA ASHMORE

CIUDAD: Ashmore, Illinois

PRIMER INFORME DE ACTIVIDAD
PARANORMAL: década de 1970

TIPOS DE ACTIVIDAD: fantasmas y ruidos inexplicables

RANGO DE MIEDO: 1

ACCESO: Se ofrecen tours fantasmales entre los que se incluyen estancias nocturnas.

La Finca Ashmore fue construida en 1916, en tierras de cultivo en Illinois. Originalmente llamada la Granja Pobre del Condado de Coles, albergaba a personas pobres que necesitaban ayuda. Pero las condiciones de vida en la granja eran pésimas. Se estima que allí murieron unas 200 personas que fueron enterradas en un cementerio en la propiedad. Entre los muertos se encontraba una joven que murió en un incendio en 1880. Su nombre era Elva Skinner, y la leyenda dice que frecuenta la finca hasta el día de hoy.

La propiedad se vendió en 1959 y se utilizó como hospital psiquiátrico hasta que cerró en 1987. El edificio fue abandonado y se convirtió en blanco de vándalos. Fue entonces cuando las historias de fantasmas en Ashmore comenzaron a aumentar. Los informes de fantasmas flotantes y ruidos inexplicables en Ashmore se extendieron por la pequeña comunidad.

Los visitantes afirman haber oído voces que venían de dormitorios vacíos. Mucha gente cree que los espíritus de aquellos que murieron en aquellas tierras son los responsables de las apariciones.

"Sentí como si algo estuviera tratando de levantarme del piso".
– meteorólogo de televisión Kevin Orpurt describiendo su estancia en la Finca Ashmore

LOS GRANDES LAGOS

LOCALIZACIÓN: Los cinco **Grandes Lagos** en el Medio Oeste

PRIMER INFORME DE ACTIVIDAD PARANORMAL: siglo XVII

TIPOS DE ACTIVIDAD: barcos fantasma navegando años después de hundirse, apariciones de marineros muertos

RANGO DE MIEDO: 1

ACCESO: La mayoría de los naufragios pueden ser explorados por buzos.

Los Grandes Lagos se han tragado a más de 6.000 barcos y son la tumba acuática de más de 100.000 hombres. Se dice que los espíritus de los muertos viven en las profundidades de los lagos. Pero algunas personas creen que los fantasmas no son lo único que deambula por las aguas.

El fantasma del "abuelo"

Un cadáver en tierra se **descompone** rápidamente, pero un cadáver en agua fría y helada puede preservarse durante décadas. El SS Kamloops se hundió 270 pies (82 m) frente a la costa de Michigan, en 1927. Los buzos que exploraban los escombros reportaron ver un cadáver fantasmal de un viejo marinero atrapado en el barco. Apodado "el abuelo", se dice que el fantasma está atrapado en la sala de máquinas del barco. Los buzos dicen que el abuelo los sigue mientras exploran los restos. Algunos dicen que es el espíritu del viejo, que murió cuando el barco se hundió. Otros dicen que el cuerpo simplemente flota porque los buzos están revolviendo el agua.

Grandes Lagos—grupo de cinco lagos de agua dulce, conectados, que se encuentran a lo largo de la frontera entre los Estados Unidos y Canadá; son los Lagos Superior, Michigan, Huron, Erie y Ontario

descomponerse—que se pudre o deteriora

25

El Edmund Fitzgerald fue un enorme buque de carga que se hundió en una terrible tormenta en el Lago Superior, en 1975. Los 29 hombres a bordo se hundieron con el barco. Un cuerpo fue encontrado durante una inmersión de exploración de los escombros en 1994, pero los otros cuerpos nunca fueron recuperados. Hubo varios avistamientos del Fitzgerald desde 1975. Las tripulaciones informan haber visto el barco donde navegó por última vez antes de que se hundiera.

El barco destruido permanece a 530 pies (162 m) bajo la superficie, ¿cómo es posible que fuera visto sobre el agua?

los restos del
Edmund Fitzgerald

El Fitzgerald es solo uno de los cientos de fantasmas que se
han visto en los Grandes Lagos. El primer barco documentado
que se hundió en los Grandes Lagos fue el Griffon, un barco
francés de suministros. El Griffon se perdió en las aguas del
lago Michigan en septiembre de 1679. Por más de 300 años,
los marineros han informado haber visto el barco fantasma
del Griffon. Una niebla espesa se extiende a veces por el lago.
Algunos visitantes afirman haber visto al barco surgir de entre
la niebla y desaparecer repentinamente.

LUGARES EMBRUJADOS EN ESTE LIBRO

Los Grandes Lagos

Minnesota

Wisconsin

Michigan

Gran Teatro de la Ópera

Teatro Biograph

Castillo Franklin

Iowa

Cementerio de Bachelor's Grove

Illinois

Indiana

Ohio

Casa Hannah

Finca Ashmore

Cementerio de la familia Stepp

Mansión Lemp

Misuri

OTROS LUGARES EMBRUJADOS EN EL MEDIO OESTE

El Medio Oeste tiene muchos otros lugares espeluznantes para explorar:

- Biblioteca Willard en Evansville, Indiana
- Gran Teatro de la Ópera en Oshkosh, Wisconsin
- Parque Estatal Sica Hollow en Lake City, Dakota del Sur
- Escuela Milton en Alton, Illinois
- Casa Mason Inn en Bentonsport, Iowa
- Terrance Inn en Petoskey, Michigan
- Hotel The Palmer House en Sauk Centre, Minnesota
- Edificio Liberty Memorial en Bismarck, Dakota del Norte
- Octagon House en Fond Du Lac, Wisconsin
- Mission Point Resort en Mackinac Island, Michigan
- Hotel Holly en Holly, Michigan

GLOSARIO

aparición—fantasma, espectro, visión de un ser sobrenatural

descomponerse—que se pudre o deteriora

esclavitud—la posesión de otras personas; los esclavos eran forzados a trabajar sin cobrar

Gótico/a—estilo de arte o arquitectura usado en Europa occidental entre los años 1100 y 1500

Grandes Lagos—grupo de cinco lagos de agua dulce, conectados, que se encuentran a lo largo de la frontera entre los Estados Unidos y Canadá; son los Lagos Superior, Michigan, Huron, Erie y Ontario

Ley seca—período entre 1920 y 1933 en que era ilegal elaborar o vender alcohol en los Estados Unidos

maldición—hechizo maligno con intenciones de dañar a alguien

paranormal—relacionado con un evento inexplicable

patriarca—líder (hombre) de una familia

vandalismo—destrozar una propiedad

ÍNDICE